讓柵欄有門，讓迷宮有出口，
讓每一只風箏都有飛上藍天的機會。

感謝「社團法人臺灣關愛之家協會」協助作者及繪者取材相關工作

透明的小孩

無國籍移工兒童的故事

幸佳慧·作　陳昱伶·繪

他 3 天大

叫紅茶，閉著眼睛在媽媽懷裡，
裹著布巾的紅茶掛在媽媽胸前像艘小船盪啊盪，
那裡的人滿臉笑容迎接紅茶跟他的媽媽從醫院回來。
等紅茶張開眼睛，會發現這裡有好多兄弟姊妹，
他們的衣服都是紅茶的衣服，像是在角落熟睡的奶茶，
和趴在沙發上的綠茶。

「紅茶來了！香香的紅茶回來了！」
「紅茶平安來到世界上，太好了！」

她 5 個月大

叫春天，頭上的捲髮像山蘇新冒的芽，
春天躺在地上吸著奶瓶，一邊歪頭看夏天，和爬遠的秋天和冬天，
上星期，幾個待產的媽媽在學唱臺語歌《四季紅》，
連著幾天來了四個寶寶，就叫他們春夏秋冬。

「有話想要跟你講，不知道通也不通……叨一項，敢也有別項」
「不管是春夏或秋冬，都是大自然的結晶，是大地的孩子。」

她 11 個月大

叫橘子，是愛吃橘子的媽媽取的名字，
橘子來到這裡後，媽媽為了還罰款、賺取生活費跟買兩張機票，
醒著的時候都在工作，只有週六晚上從工作的城市老遠來看橘子，
抱著她睡一晚。

平時，橘子看到人就會張開雙手要人抱抱，因為她不想忘記在她出生
後被抱得緊緊的、有人對她一直溫柔說話的感覺。只要她覺得自己快
忘記了，就會趴著欄杆哭起來。

「喔，小橘子，別哭別哭，再過四天媽媽就要來了。」
「橘子是幸福的，有媽媽等著帶她回去。」
「而且是一個不用躲來躲去的地方。」

他 1 歲 3 個月大

叫黑皮，只要有人對他說話就笑得像鈴鐺。
黑皮出生後只看到他媽媽一眼，就來到這裡了。
沒有人知道他媽媽是誰，醫院登記表格上是借來的名字。
但黑皮一點都不在意，起碼現在不在意。
他正忙著學走路，跌倒了爬起來，
還是咧開嘴笑得響叮噹。
那清脆的鈴鐺聲，能暫時趕走屋裡憂傷的烏雲。

「黑皮黑皮，在還能無憂無慮時，盡量笑吧！」
「如果笑聲可以幫黑皮找到新家，一定好多人要他。」

她，2 歲 3 個月大

叫彈珠，因為她一雙眼睛像玻璃彈珠，
她的眼一瞇、嘴一笑，五彩的泡泡就會滿天飛落，
讓人也想跟著彈珠泡泡起舞。

兩年多前，她的媽媽在朋友家自行生產，但流血過多，
朋友把她送進醫院。她昏迷好幾天，醒來後說要去看看
她的孩子，可是她一出病房就不見了。幾天後，嬰兒被
送到育幼院，大家看到那雙大眼睛，就叫她「彈珠妹」。

彈珠妹有很多人愛她,她去過科博館,到海生館過夜、爬到樹上找糖果、到海邊玩沙堡,還被人抱著攀岩、溯溪,其他幸福孩子會做的事,她樣樣沒少。她也愛著身旁的人,看到有人跌倒會過去給他拍拍說「呼呼」。

彈珠妹跟育幼院其他的孩子一樣,他們的父母有不能照顧他們的苦衷,但他們來到這裡受到同等的愛護。不一樣的是,彈珠妹沒有屬於這個地方的身分,別的孩子要上學很容易,但她要上學卻很麻煩。而且,不管她把自己的生命活得像彈珠一樣明亮繽紛,18歲以後依舊只是個透明人。

「每個孩子都有把生命過得充實精采的權利，
為何彈珠妹不行？」

「很多人想給彈珠妹一個家，給她身分，
為何就偏偏那麼難？」

他 5 歲 1 個月大

叫丸仔，丸仔生下來臉頰鼓鼓的，幫忙接生的阿婆就叫他丸仔。

丸仔的媽媽先前在工廠當女工，但有了丸仔後，
老闆要她走人，後來她開始搬家，從屏東、高雄、苗栗，
又搬到了桃園，工作也換來換去的，她在鄉下當看護，
在漁港剝蚵仔，做過臨時工、清潔工。

後來，丸仔跟著媽媽在夜市賣小吃，丸仔是媽媽的好幫手。每個月第一個星期一，媽媽會帶著丸仔去一家雜貨行匯錢回媽媽的家鄉，媽媽說，阿嬤生病需要錢看病，弟弟妹妹上學也需要學費。

「媽媽，你為什麼不跟自己的媽媽在一起？」
「印尼沒有工作。媽媽在這裡賺錢，印尼的家人才可以生活。」
「那我幾歲後就要到別的地方賺錢？我不想離開你。」
「傻孩子，你還要唸書，才能賺錢。」
「上學後就要離開你，就像你看不到阿嬤那樣，去賺錢嗎？」
「不是，不會這樣。我們會在一起。」
「那我真的可以像其他小朋友一樣去上學嗎？」
「媽媽會想辦法。」

「你要不要老實跟警察說，也許丸仔的父親願意認他？」
「那我就不能留下來工作，這不行。要跟丸仔分開，這也不行。」
「那他沒有身分就不能讀書，以後怎麼辦？」
「還有一點時間，我會想辦法，我會想辦法。」

他 14 歳 2 個月大

叫恩恩，是後來教會牧師幫他取的新名字，牧師說是上帝的恩典讓恩恩活了下來。

恩恩從小跟媽媽相依為命，除了媽媽，沒有其他人跟他講話。媽媽白天工作時，把他寄在一個沒工作又生病的叔叔家，他沒上幼稚園又晚讀小學，所以大家叫他「遲緩兒」。

其實，恩恩真正生病是在他五歲時，他發高燒，媽媽在藥房買感冒成藥給他吃，但恩恩燒了好幾天沒有退，直到鄰居阿姨發現恩恩血尿，才帶他去看醫生。

這是恩恩第一次看到真正的醫生，醫生說再晚一步恩恩就沒命了。

醫生把恩恩的命救回來了，可是因為恩恩沒有健保，媽媽繳不出幾十萬的醫療費。鄰居阿姨跟教會的牧師說了這件事，大家幫忙祈禱和募款，費用不夠的部分，媽媽就當作先跟教會借，下班後再去教會煮飯跟打掃。

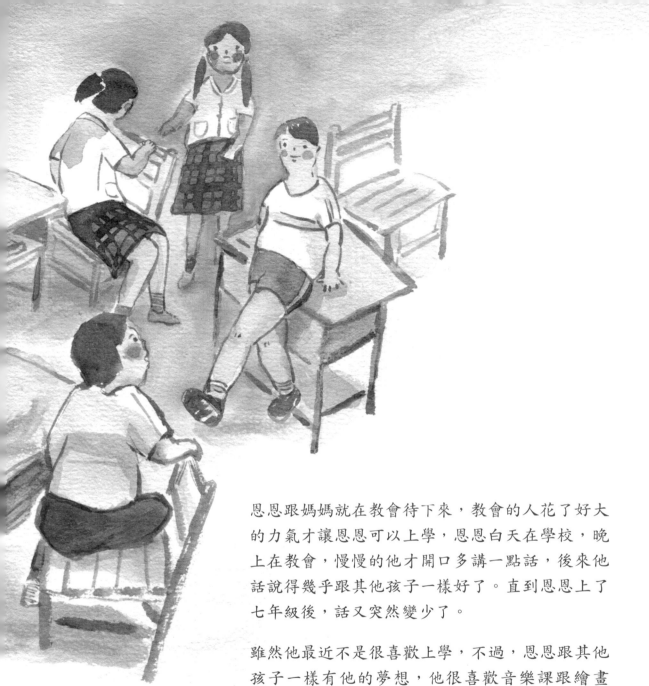

恩恩跟媽媽就在教會待下來，教會的人花了好大的力氣才讓恩恩可以上學，恩恩白天在學校，晚上在教會，慢慢的他才開口多講一點話，後來他話說得幾乎跟其他孩子一樣好了。直到恩恩上了七年級後，話又突然變少了。

雖然他最近不是很喜歡上學，不過，恩恩跟其他孩子一樣有他的夢想，他很喜歡音樂課跟繪畫課，他說他以後想在教會彈鋼琴。

「在上帝的眼裡，他不是外國的孩子，他就是祂的孩子，跟我們一樣都該被好好照顧的孩子。」

「孩子的爸爸是移工，在一次工作意外中去世了。他的媽媽為泰國的家人賺錢，也在為臺灣工作，這孩子從小吃我們的米、喝我們的水、說我們的話，是我們的孩子，但他沒有獲得該有的保護，是我們虧欠他，我們都是上帝的孩子，都是天賦人權的孩子。」

她 16 歲 4 個月大

叫念念，大家都說她是個特別的小孩。

她的媽媽是個看護工，照顧一個長年臥病在床的植物人。
他們的鄰居是個賣臭豆腐的阿嬤。念念的媽媽很喜歡吃臭
豆腐，有空就幫阿嬤招呼客人，她從阿嬤和客人身上學會
一些臺語。

阿嬤後來發現她身上常常有瘀青，問她才知道原來雇主的
兒子會欺負她。念念還沒出生，大肚子的媽媽就丟了工
作，阿嬤偷偷收留她，要她先安心生下孩子。

媽媽生下念念沒幾天，一個天空昏暗的早晨，阿嬤從市場
買菜回來，發現床上躺著念念、一包錢和一捲卡帶。

卡帶，是念念的媽媽用阿嬤的老收音機錄的，念念的媽媽
說謝謝阿嬤的照顧，但她在家鄉還有自己的家庭，不能留
下念念，拜託阿嬤幫念念找個好家庭。

臭豆腐 一份 50元

阿嬤捨不得把孩子交給不認識的人，決定自己養，但阿嬤的孩子不喜歡阿嬤這樣，鄰居也說阿嬤憨，年紀這麼大了還給自己找麻煩。阿嬤的孫子不願意叫念念「姊姊」，但阿嬤不後悔。念念是個體貼的小孩，三歲就開始幫阿嬤洗盤子、擦桌子了。

念念一直到八歲才上學，大人叫他「寄讀囡仔」。念念有時候會聽到老師或大人說她是「多出來的」。有一天，有個同學也這樣叫她。從那天起，她就不愛講話了。

一開始，同學們以為她是啞巴，因為她都不說話。

後來，同學們改叫她鸚鵡，因為她只說很少的話。

後來，他們又叫她阿飄，因為她的眼睛老釘在地上，她的出現老是嚇到別人。

念念的衣服都是阿嬤去慈善機構要來的舊衣，有什麼就穿什麼。有時候遇到好心的老師，開學時會幫她多準備一套文具跟筆記本，那些就是念念所有的財產了。

念念從課本學到什麼是「零用錢」和「零食」，卻從來沒有自己擁有過，她只吃學校的營養午餐、喝白開水，和阿嬤的臭豆腐。

最近她才知道，她不能上大學，因為「多出來的」寄讀學生再怎麼用功、功課再好，都不會有畢業證書。

阿嬤心疼的說：「沒關係啦，現在很多博士也在開計程車，你就繼續跟我賣臭豆腐，我很快就老了，攤子交給你顧。只要你不要生大病就好，把自己顧好，過幾年找個人嫁就有解了。」

「沒有人喜歡我的，沒有人會喜歡一抹幽魂的。」念念說。

念念在老師送她的筆記本寫下一首詩，詩的第一句寫著：「我是一抹幽魂，飄在自己家鄉的上空。」

第二段是：「我是一隻綿羊，圈在沒有門的柵欄裡。像我這樣的人，掌握不了自己的命運，只能安靜的聽別人取笑我、可憐我，即使被誤會，也不回話、不作辯解。」

「念念覺得自己是幽魂，是因為她覺得自己是透明的，大家知道她在那裡，可是寧願不要看見她。她好像是多出來的、寄放的、借坐的，甚至被說是占用的。她沒有自己的位置，所以怕別人看到她，知道了她透明的祕密。」

「不是說人人生而平等嗎？難道她沒有獲得應有的保障嗎？」
「沒有，我們社會變得很快，保障人權的法律卻來得很慢。」

叫王志強、伊比‧伊斯卡卡夫特、張翔佑，第一次來到黑寶寶的安置基地。這三個大男孩聽了他們的故事，這學期便選這個地方做服務學習，一共要來六十個小時。

故事說的是這幾年黑寶寶愈來愈多，他們的父母走投無路時會來這裡生下寶寶或把寶寶丟著。這裡的寶寶一窩一窩的，從一直熟睡的新生兒，到好奇翻身學爬兒，到關在柵欄裡的學步兒，他們不怕生，看到人就張開手臂，找尋願意接納他們的臂膀。有些寶寶跟著媽媽被遣送回去；有些寶寶就這樣被扔下，成了見不得光的無依兒。不管是回去的或留下的，都有說不完的故事。

這裡的黑寶寶太多，他們像潮水一直湧上岸來，只好分系列來取名字。

自然森林系有太陽、月亮、星星、小山、小河、小溪、小樹、小草、小雨。水果系有荔枝、蘋果、葡萄、楊桃、芭樂、香蕉、橘子、檸檬、木瓜、櫻桃。疊字系有平平、安安、方方、正正、左左、右右、快快、樂樂、來來、去去。

原本是一般人的生活用語，在這裡卻是一個個本該燦爛的生命。

「我們生下來什麼權利都有，很難想像原來臺灣有
　這麼多見不得光的寶寶。」
「我從來沒想過有人生下來就沒身分，沒有真正的
　名字，他們像是活在牆壁裡。」
「我以為我的國家很文明，會照顧這些孩子，我們
　想給黑寶寶一點光亮，讓更多人看見他們。」

我 43 歲

我叫幸佳慧,我想寫下他們的故事,因為他們沒辦法為自己說話。

目前全世界有超過千萬人沒有國籍,他們沒辦法去上學、看醫生、找工作、開立銀行帳號,與結婚。

事實上,每十分鐘地球就有一個這樣無國籍的小孩出生。當你讀完這本書,就有兩、三個像前面說的那些孩子呱呱墜地。

戰爭、移動工作、政治迫害等因素都會造成無國籍的流浪人口,如果沒有人幫助、正視他們的困境,這些人從出生的搖籃到死去的墓地,就得在暗黑中摸索爬行。

這十幾年來,有大量離鄉背井來臺灣工作的移工,分擔我們建設發展的工作。因為一些原因,他們在臺灣生下孩子,但這些孩子卻被迫推進這條漫長而暗黑的路。

因為他們「不能被看見」,所以數量比我們知道的、想像的還多得多。

我們有責任看見他們、為他們
說話，因為世界上每個孩子都
應該有所歸屬，屬於保護他們
平安快樂長大的權利，屬於無
差別的平等，屬於無隱藏的
光，屬於無國界的愛。

幕後工作者的一句話

沒有國籍、沒有名字的小孩是透明的存在。真希望他們能得到飽滿的色彩，而生存在這世界上！

——繪者 陳昱伶

讓柵欄有門，讓迷宮有出口，讓每一只風箏都有飛上藍天的機會。

——作者 幸佳慧

每一個生命都應該被重視和傾聽，謝謝幫助無國籍兒童的收容中心，幸好《報導者》挖掘出這個故事，以及幸佳慧老師動人的創作，昱伶生動樸質的插畫；希望有一天，每一個小孩，都能有自己的名字。

——字畝文化主編 吳令葳

臺灣已實施《兒童權利公約施行法》，然而，無國籍兒童的故事，讓我們看到兒童人權還有偌大的缺口。《國籍法》等相關法令應與時俱進，以兒童最佳利益為優先考量，莫使無國籍兒童過著沒有未來的人生。

——字畝文化社長兼總編輯 馮季眉

兒童人權沒有國界，《報導者》寫出這個故事，期盼人權教育向下扎根。

——非營利網路媒體《報導者》
創辦人、總編輯　何榮幸

他們仍在黑暗中，尋找認同他們的國家。故事未完，只是待續，但國家能給他們一個機會嗎？

——非營利網路媒體《報導者》記者　陳貞樺

他們同樣在臺灣呼吸、長大，但生命卻像紅氣球一樣，寂寞的漂浮在國境之間，成為被遺忘的人。

——非營利網路媒體《報導者》記者　簡永達

我們多付出一些關注，更多孩童的生命將會因此變得不同。

——非營利網路媒體《報導者》
網路部主任　吳凱琳

願每個孩子都能面向陽光

黃筱茵（兒童文學工作者）

這是一本讀了以後讓人心情波動不已的誠摯作品。當我們悉心呵護自己的孩子，有遠比你想像中更多的孩子因為沒有身分與國籍，過著叫人心疼的艱苦日子。他們沒辦法去上學，生病了也沒辦法去看醫生。雖然教會或好心的人可能接濟他們，因為沒有身分衍生的諸多複雜生活與心理問題，讓這些孩子成為透明的小孩，一輩子漂浮在看不到盡頭的茫茫海潮中，靠不了岸，回不了家。

佳慧寫出這些孩子的失落與盼望。不論他們的父母是不是留在他們身旁，一個個透明小孩的故事，其實也道出勞力與階級網絡下，整個世界與世代必須勇於面對承擔的責任。所有的孩子，不分出身，都應該像我們珍愛的家人那樣受到照顧與保護。這些孩子的父母是流離失所的無國籍移工，由於經濟因素，為其他國家提供各種勞力服務。這些移工的孩子輾轉產生的身分問題，實際上是我們所有享有他們隱性勞動力服務與貢獻的人們，應該細細思量，並且設法努力解決的共業。

書中呈現出一個接一個孩子的面容，一如在陽光下讓我們看見一朵又一朵原本應該盡情綻放的花。在法律制度與國際社會結構陰影下求存的孩子們，應該被正視，應該得到義無反顧的協助。兒童人權的健全支援系統，彰顯的才是公義社會追求的價值，與所有相信愛與希望的人渴盼伸出雙手擁抱的目標。

謝謝這個世界一直有人努力為了讓所有兒童受到應得的照料與保障奮鬥不懈，謝謝這樣一本深情的書誕生。請每一個親愛的你，把所有孩子當成自己的孩子，他們是世界的孩子，是我們寶貝的孩子。

《報導者》為何報導「無國籍移工兒童」的故事？

何榮幸（《報導者》創辦人、總編輯）

《報導者》是由我、張鐵志和一群優秀新聞工作者共同創辦的非營利網路媒體，2015 年 12 月 16 日上線，致力於各項公共議題的深度調查報導，依靠社會捐款維持獨立運作，上線第一年就榮獲臺灣最重要的新聞獎——卓越新聞獎肯定。

由於長期關注人權議題，《報導者》記者簡永達、陳貞樺有一次在採訪「關愛之家」時發現，有一位個子特別小、步伐還有些不穩的兒童，總會搖搖擺擺地走到記者面前，然後伸長了手喊：「抱抱」。

跟保母以及移工媽媽聊天後，記者才知道這位小朋友背後令人心碎的故事。簡永達及陳貞樺很想知道，臺灣究竟有多少「無國籍的移工寶寶」？以及他們被卡住的人生故事。

然而，調查採訪的每一步都碰到困難。

兩位記者花了很多時間尋找故事主角，打了無數電話找受訪者，有時被拒絕、冷漠以對，而感到喪氣。很難取得的還有政府資料，他們反覆聯絡國健署、戶政司、移民署等單位，才取得非本國籍新生兒人數重要數據。

此外，兩位記者讀遍《國籍法》、監察院報告以及國內外研究，發現無國籍移工寶寶在全球普遍發生，聯合國難民署甚至為此發佈數份報告，但臺灣只有極少數人知道無國籍孩童的情況。

2016 年 8 月 22 日，《報導者》刊出「無國籍的移工小孩——『沒有名字』的孩子們」報導，感謝幸佳慧小姐改編故事、陳昱伶小姐繪製插畫、字畝文化用心出版。兒童人權教育不能等，《報導者》期待這本親子共讀的繪本，能讓更多人關切移工家庭處境，讓我們的兒童從小就懂得尊重不同族群，以及關心其他兒童的基本人權。

作者 幸佳慧

成大中文系、藝術研究所畢業。進入社會擔任童書編輯、閱讀版記者後,覺得所學不足以解釋觀察到的社會問題,於是又繼續前往英國學習,獲得兒童文學的碩士跟博士學位。在學術的研究歷程中,從未間斷文學的創作與評論,出版的文類包括文學旅遊導讀《掉進兔子洞》;傳記類《走進長襪皮皮的世界》;閱讀教養類《用繪本跟孩子談重要的事》、《親子共熬一鍋故事湯》;繪本《大鬼小鬼圖書館》、《親愛的》、《希望小提琴》;少年小說《靈魂裡的火把》……作品獲得金鼎獎、國家文化藝術基金會文學創作獎等獎項。

繪者 陳昱伶

喜歡運用各種媒材創作,追尋有溫度的視覺感,
「看著事情發生,然後感受」。
藉由繪畫呈現環境與自身的關係,讓你看見那些看不見的。

Thinking 006
透明的小孩——無國籍移工兒童的故事

作者/幸佳慧　繪者/陳昱伶

字畝文化創意有限公司
社長兼總編輯/馮季眉　責任編輯/洪 絹
美術設計/張簡至真
出版/字畝文化創意有限公司　發行/遠足文化事業股份有限公司(讀書共和國出版集團)
地址/ 231 新北市新店區民權路 108-2 號 9 樓　電話/ (02)2218-1417　傳真/ (02)8667-1065
客服信箱/ service@bookrep.com.tw　網路書店/ www.bookrep.com.tw
團體訂購請洽業務部 (02) 2218-1417 分機 1124
法律顧問/華洋法律事務所　蘇文生律師　印製/中原造像股份有限公司

2017 年 02 月 08 日　初版一刷　定價:300 元　書號:XBTH0006
2024 年 06 月　　　　初版十六刷
ISBN　978-986-94202-1-1

特別聲明:有關本書中的言論內容,不代表本公司/出版集團之立場與意見,文責由作者自行承擔

本著作取材自《報導者》記者簡永達、陳貞樺採訪
〈無國籍的移工小孩——「沒有名字」的孩子們〉一文